Rintscher Vertäll

VIII

„net te jlöeve"

van Bernd J. Henk

Bibliographische Information der Deutsche Nationalbibliothek
Die Deutsche Nationalbibliothek verzeichnet diese Publikation in der
Deutschen Nationalbibliographie; detaillierte bibliographische Daten
sind im Internet über http://dnb.d-nb.de abrufbar

Idee und Realisierung by hb
Umschlaggestaltung und Layout: Sascha
Umschlagillustration: Hinterglasmalerei Gereonsplatz
(früher: Neumarkt) in Viersen-Rintgen von Bernd-Jürgen Henk

Herstellung und Verlag: Books on Demand GmbH, Norderstedt
ISBN 9-783748-102656

Erzählungen
aus dem Rintgen VIII

"nicht zu glauben"

Rintscher Vertäll VIII

"net te jlöeve"

Bisher sind folgende Kurzgeschichten
in der Serie

„RINTSCHER VERTÄLL"

veröffentlicht worden:

Inhaltsverzeichnis

Nr.		Titel	Seite
		Vorwort	10
01	-	Der Wetterhahn	12
02	-	Die Badewanne	16
03	-	Der Vorname	20
04	-	Das Pokalspiel	24
05	-	Die Pflaumenzeit	28
06	-	Murmelspiel	32
07	-	Der Wurm	36
08	-	Der Papagei	40
09	-	Das Vergessen	44
10	-	Straßenkinder	48
11	-	Ein guter Tropfen	52
12	-	Wie geht es...?	56
13	-	Die Gans Agatha	60
		Nachwort	72

W a t   d o a   d r e n   s c h t e e t

Vorwort

Im Buch Nr. 8 setzen sich die
Alltagsgeschichten vom
Wetterhahn bis zur Geschichte
der Gans „Agatha" fort.

Wie immer sind auch nun wieder
bestimmte Ansichten
bis hin zur Satire beschrieben.

Um die sicherlich eigenwilligen
Ausdrücke im Dialekt besser zu verstehen,
wird die <u>fast</u> gleiche Übersetzung
sinngemäß in hochdeutsch gegenüber gestellt.

Wie stets, wünsche ich vor allem
viel Spaß beim Lesen.

hb

Vöerwoert

En dat Book No. 8 jöev et wär
Aldaachsschtökskes
van däe Weerhaan bös
noa dii Jeschicht van dii Joos „ Agatha".

Wii emer send nu ooch wär
äfe Blekpongkte bös noa en Satire,
verschaie Schtökskes beschriieve.

Öm deä seeker eeje Vertäll
en Plat beäter te verschtoan,
wäerde dii onjeviier jliike Woert
en huechdoitsch
tengenööver jeschtält.

Wii emer al wönsch ich nu ooch vandaach
vüel Plesiier be et leäse.

hb

Der Wetterhahn

Soviel ich weiß – wer kennt den Fall,
ein Hahn steht auf dem Mist – oder im Stall?

Es ist jedoch auch das Märchen bekannt,
der Hahn – als Bremer Stadtmusikant.

Dann sind da noch die Nachgemachten,
die Kleinen, Großen und Angedachten.

Die Schnellen und die immer Späten,
die Heiligen, die im Wasser treten

Die Nackten und die Buntbemalten,
die nicht können – aber prahlten.

Mit Hühnern hat er nichts am Hut,
darum geht es ihm auch immer gut.

In Viersen, Anrath – selbst in Schaag,
steht ein Hahn meist auf dem Dach.

Deä Weerhaan

Suevüel ich weet – ävel weä wet dat al,
ne Haan schteet op d'r Möös – of en d'r Schtal.

Et ös waal ooch dii Mäer bekant,
deä Haan als Bremer-Schtatmusekant.

Dan send doa noch dii Noarjemäkte,
kleen un jruet un lang jeschträkte.

Dii Iilije un dii emer Laate,
dii Helije un dii Seeke-Naate.

Dii Näke un dii bongk Bemoalde,
un dii net köne – ävel salde.

Möt Häne hät heä neks am Hoot,
dröm jeet et öm alseleäve joot.

En Viersche, Anroat – sälefs en Schaag,
schtond-se meestens op et Daak.

Oft nennt man den Vogel auch „Weerhahn-Pitter",
ob Sonnenschein oder starkem Gewitter.

Oben auf dem Kirchturm passen,
muss man ihn nur drehen lassen.

Er schaut von wo der Wind nun weht,
zeigt wie es mit dem Wetter steht.

Er isst nichts und er braucht nicht trinken,
vielleicht sollt ihr ihm einmal winken.

Nachts – redet er mit jedem Stern,
tagsüber sucht er das beste Wetter gern.

Bläst der Wind mal um euer Haus,
schickt er einen Gruß an euch hinaus.

Bekannt im Rintgen und weit darüber weg,
sitzt „Pitter" auf dem Turm von Sankt Josef
verkündet das Wetter und erfüllt seinen Zweck.

*

Döks het deä Vuurel ooch „Weerhaan-Pitter“,
be Soneschiin – of schtärek Jewiter.

Boave op de Kerk jesoate,
mod man öm maar driiene loate.

Heä luurt van woa deä Wengk nu jüücht,
un of dat Naate jau wär drücht.

Heä deet neks eäte un neks drengke,
flee-its dot ör öm mötonger ens wengke.

Naits - schpräk heä schtöl möt jede Schteer,
söök daachsüewer vör üech et beäste Weer.

Un blös deä Wengk ens öm et Huus,
ös dat van öm ne schuene Jruus.

Em Rintsche un wiit doa drüever öruut,
set Pitter op de Kerk van Tsint Jupp
ös joot bekänt un hält de Schnuut.

*

Die Badewanne

Wie schnell doch oft eine Woche vergeht,
in der Waschküche lag alles bereit – nichts fehlt.

Mitten im Raum befand sich ein Wäschebottich,
und jeder weiß – das war auch wichtig.

Auf dem Herd nach kurzer Zeit,
stand ein großer Kessel mit heißem Wasser bereit.

Eine kräftige Bürste lag schon parat,
sowie Kernseife –
die man von der letzten Woche noch hat.

Warmes Wasser wurde nun in den Bottich eingelassen,
bevor die Ersten dann darin saßen.

Samstagabends – das sollt' so geschehen,
wusch man sich vom Kopf bis zu den Zehen.

Zuerst kletterten die Kleinsten in die Wann',
nach und nach kamen dann die Älteren dran.

D i i „ B ü t t "

Wii jau toch döks en Weäk verjeet,
en de Weäschköök loach ales jereet.

Mede en dii Kaamer schtongk en Wäeschbütt,
un jeder wous joa wat nu kütt.

Op et Vernüs damp äfkes laater,
ne jruete Keätel möt heet Waater,

En schteevije Büersch loach doaneäve paraat,
un Keerseep dii man van lätsde Weäk noch haad.

Wäerem Waater woard nu en dii „Bütt" enjeloate,
bevör dii Ii-erschte dan dren soate.

Et Soertersch-oaves – dat moot sue sien,
woard sich jewäesche van d'r Kop bös aan de Tiien.

Et öersch koame de kläänste Puute,
un noar un noar dann dii Jruete.

Die Mädchen mit dem langen Haar,
nicht schlimm –
das Wasser war danach fast noch klar.

Als aber die Burschen in die Wanne gesprungen,
schmutzig wie Schweine – das Stück war gesungen.

Das teure Wasser wurde aber nicht abgelassen,
mit einem Milchtopf hat man
die Brühe oben abgeschöpft -
und heißes Wasser neu eingelassen.

Oma und Opa, die zum Baden harrten,
mussten daher noch kurz etwas warten.

So ein Waschtag – da macht man was mit,
Vater und Mutter stiegen als Letzte in die „Bütt".

Als nun alle gewaschen und rein,
nahm die Familie zusammen das Abendbrot ein.

Das Wasser der Wanne sollte nicht
in die Rinne fließen,
damit konnte Vater im Garten
noch das Gemüse begießen.

*

Dii Mäetsches möt dii lange Hoar,
mäk neks – dat Waater woar hoas noch kloar.

Wii nu ävel dii Borschte en dii „Bütt" schpronge,
schmeerich wii ö Värke – dat Schtök woar jesonge.

Dat düere Waater woard ävel net uutjeloate,
möt ö Meleksschäpke
woard dii Broi boave aavjeschöp -
un heet Waater wär enjeloate.

Ooma un Oopa woulde ooch noch baade,
dii woare al de jontse Tiit aan't waade.

Sue-ne Weäschdaach doa mäk man jät möt,
Pap un Mam klömpde et läts en dii „Bütt".

Wii nu jeder jewäesche un reen,
soat de Familisch be et Oavesbruet wär bejeneen.

Em Jaart hät Pap dat Waater uut dii „Bütt",
üewer et Jemöös un net en de Renn jeschöt.

*

Der Vorname

Glaubt niemals - man könnte sich das schenken,
wegen des Vornamens nicht nachzudenken.

Streitet nicht was früher einst war,
die Bibel sagt es klipp und klar.

Adam und Eva – was fällt euch auf ?
Nur einen Vornamen! –
und aus dem Paradies flogen sie auch.

Aber es gibt immer mehr Leute in der Welt,
und niemand so viele Namen auseinander hält.

Peter, Maria, Josef und noch ein paar Alten,
bei einigen Menschen -
war der Name noch zu behalten.

Bei fünfmal Peter musste man überlegen,
wer ist gemeint – wem wird man begegnen.

Wie geht es weiter – wer hat ihn gekannt,
was hat er gelernt – ist der Beruf bekannt?

D ä e   V ö e r n a a m

Jlöevt maar net - man könt sich dat schängke,
wäejens d'r Vöernaam net noar te dengke.

Schträevelt joa net wat vröier woar,
de Bibel sait dat klip un kloar.

Adam un Eva – wat vält üech op ?
Aleen d'r Vöernaam !
Dröm woarde'se uut et Paradiis jemopt.

Ävel et jöev emer miier Lüü en de Wält,
un neemes suevüel Naam uutreen hält.

Pitter, Marie, Jupp un noch ö paar Alde,
be engkele Minsche -
woar deä Naam leet te behalde.

Be viifmoal Pitter mod-se waal överleäje,
weä ös jemint – wou kal'se teäje.

Wii jeet et wii-er – weä hät öm jekänt,
wat hät heä jeliiert –
wälek Wäerek ös heä jewänt.

Peter der Metzger – oder Peter der Bauer,
jedoch war dies auch nicht lange von Dauer.

Bei vier Bauern mit Peter als Vornamen,
ging es wieder nicht weiter – ihr könnt es ahnen.

Dann kam die Frage nicht von ungefähr,
von welchem Hof oder Stadt kommt er her.

Ist er aus Dülken, Süchteln oder von weiter weg?
Das nimmt kein Ende – es hat keinen Zweck.

Dann hat man hin und her überlegt,
vom Staat wurde nun festgelegt;

Vor-, Nachname, Ort und Adresse wurden Pflicht,
ohne dass man damit Traditionen bricht.

Doch ist das noch nicht das letzte Wort,
digital vermessen werden wir sicher noch.

*

Pitter deä Mätsjer – of Pitter deä Buur,
dat jing en Tiit lang et beäs noch duur.

Be vaier Buure möt deä Vöernaam Pitter,
woar'se wär net uut d'r Schnider.

Dan woar dii Vroach örop un öraaf,
van wäleke Hoaf un Plaats kömp heä vanaaf.

Ös heä van Dölke, Söetele of wij-er wäk ?
Dat nömp jeen Eng – et hät jeene Tswäk.

Due hant-se heen un haier överlait,
van Boave woard nu voasjelait;

Vöer- , Noarnaam, Plaats un Adräs,
doamöt jöev et en Tiit lang jeene Schträs.

Toch ös dat noch neet et lätsde Woard,
dijiitaal vermeäte weärde wör seeker noch.

*

Das Pokalspiel

Der Eine oder Andere erinnert sich noch sehr,
es sind wohl schon etliche Jahre her.

Die Fußballsaison war vorbei,
was machen wir Sonntagsmittags um drei?

Ein Turnier – das kam uns gerade recht,
um den „Goldenen Fußball" -
das wäre ja nicht schlecht.

Ein Prestigeduell um den Pokal,
den gab es seit Jahren immer wieder einmal.

Regional war das Interesse stets angesagt,
selbst Borussia Gladbach
verlor einst und hatte versagt.

Die Kandidaten im Endspiel das waren – genau!
Grün-Weiß aus Viersen und der ASV.

Die alten Idole – wie ich sie noch kenn',
Lemm Josef, Hagenbruch Willi
und Engelbrecht's Menn.

Dat Mätsch

Deä Eene of Angere erenert sich noch jäer,
et send waal toch ö paar Jöerkes här.

De Fuusbalsaisong woar vörbee,
wat dont wör tsoanesmedes öm dree?

Ö Turnier – dat koam os jraat rait,
öm d'r „Joldene Fuusbal" sue woard et jesait.

Ö Präestiischduuel öm deä Pokaal,
dat joo-ev et schuu-en send's Joare al.

Rejionaal woar dat Inträse jruet,
sälevs Borussia Jlabach vloach eemoal ö-ruut.

De Kandidaate em Ängschpeel
dat woare – jenau!
De Jröene uut Viersche un d'r ASV.

Dii alde Kämpe - wii ich se noch kän,
Lemm Jupp, Hagenbruck Will
un Engelbrecht's Menn.

Die Sonne schien –
den Sonntags-Anzug hatte ich an,
da fuhr ich nach Süchteln mit der Straßenbahn.

Zu Fuß durch den Busch –
den Heiligenberg hinauf,
mit Fahnen, Trompeten – das nahm man in Kauf.

Ein paar tausend Leute – das kam immer vor,
es dauerte nicht lang – da fiel Tor um Tor.

Neben mir sagte jemand ganz trocken,
pass auf – gleich geht es an die Socken!

Düstere Wolken nahten – ein Unwetter war's,
von oben bis unten –
ich war durch und durch nass.

Die letzte halbe Stunde –
die konnt' man sich schenken,
an Weiterspielen war gar nicht zu denken.

Zugleich rannten alle Menschen nach Haus,
durch Dreck und Matsch – so sah man dann aus.

Den Anzug übrigens – das wollt' ich noch sagen,
den hab ich mein Lebtag nicht mehr getragen.

*

De Son dii schii-en -
d'r Soanesantsoch haad ich aan,
due jing et noa Söetele möt de Bimelbaan.

T'se Voot duur d'r Boosch
örop noar d'r Helijebärech,
möt Fäänches un Tröete dat woar joa net ärech.

Ö paar duusend Lüü woare emer doa,
et düered net lang – doa veel Tor öm Tor.

Näeve mich sait-er Eene jonts trocke,
ala – nu jeet et aan de Soke!

Düestere Woleke – op ens en Humelschuur,
ich woar siipnaat – duur un duur.

Dii lätsde haleve Schtond –
dii kuet-se dich schängke,
aan Wii-erschpeele woar net miier te dengke.

Un al dii Minsche leepe op eemoal noar Huus,
duur Mot un Matsch sue jau jeder kuu-es.

Deä Antsoch – dat woult ich noch saare,
hab ich min Leävdaach neet miier jedraare.

*

Die Pflaumenzeit

Jedes Jahr um diese Zeit,
sind im Garten die Pflaumen soweit.

Leiter und Korb stehen schon parat,
an dem Baum hängen Pflaumen satt.

Hundert Gedanken nehmen ihren Lauf,
wie kriege ich all die Pflaumen auf?

Die ersten zwanzig – die isst man eben so,
bleibt aber stets in der Nähe vom Klo!

Ob groß oder klein ,
zuerst entfernt man den Pflaumenstein.

Oft wird die Schale noch entfernt,
um Pflaumenmus zu kochen, gelernt ist gelernt.

Wenn ich manchmal an früher denk',
es gab getrocknete Pflaumen
in Buttermilch getränkt.

De Prumetiit

Jedes Joar öm deese Tiit,
send em Jaart de Prume riip.

Läder un Körefkes schtont al paraat,
aan deä Boom hänge Prume saat.

Hongert Jedangke jont dich duur d'r Kop,
wii krii'se al dii Prume op.

Di öerschte twentich öt-se maar su-e,
bliiv ävel net wiit wäk van et Kloo!

Of kleen of jruu-et,
deä Prumeschteen - deä mod öersch ö-ruut.

Döks woard dii Schaal noch aavjetroke,
öm due dat Prumemoos te koo-eke.

Wän ich noch aan vroijer dengk,
joo-ev et jedrüchde Prömpkes en de Prengk.

Oder getrocknete Pflaumen in warmen Milchreis,
ein einfaches Essen zum günstigen Preis.

Die länglichen Pflaumen - Zwetschgen genannt,
die wurden für eine leckere Torte verwandt.

Zimt und Zucker kamen obenauf,
als Krönung folgte ein Schlag Sahne da drauf.

Keine Pflaume ging verloren,
selbst der Saft wird zum Schluss noch gegoren.

Diverse Sorten Pflaumenschnaps,
trinkt man dann genüsslich aus dem Glas.

Am Ende - ich weiß nicht wie ich da drauf komme,
gibt es noch die eingebildete Pflaume.

Nicht zu verwechseln mit „Mutseprume",
die kann man nicht pflücken -
und werden dir nicht bekommen.

*

Schtiive Riis möt drüje Prume,
op suejät mod'se öersch ens kome.

Dii schlongke Prume en Tswätschkesaart,
weärde jebruuk vör en läkere Taart.

Knii-el un Tsoker jehüert doarbee,
doa drööver noch ne schlaach Saaneschniie.

Kän Prum jeet os verloore,
sälefs deä Saaf wöerd noch jejoore.

Pfläumli of ooch Prumefuusel,
drengk-se dan vör äerme Uu-esel.

Aan't Äng - ich weet net wii ich doa drop kom,
jöev et noch dii enjebelde Prum.

Net te verwäesele möt „Mutseprume",
di kan-se net plöke -
un dont dich net bekome.

*

Murmelspiel

Nach vielen Jahren fiel bei einer Erzählung
noch einmal das Wörtchen „Köllsche".

In dem Augenblick dachte ich
an das alte Murmelspiel,
welches früher an jeder Ecke gespielt wurde.

So wie der Winter mit Schnee und Eis vorbei war,
haben Kinder irgendwo an den Wegen
handgroße Löcher in den Sand gegraben.

Für wenig Geld kaufte man im Spielwarengeschäft;
bei Thürlings an der Hauptstraße,
einen Stoffbeutel mit „Köllsche".

„Köllsche" oder auch mit „Knicker" bezeichnet
das waren in verschiedene Ölfarben getauchte Tonkugeln.
Später gab es auch Glas- und Eisenkugeln.

Es wurde gegeneinander gespielt.
Jeder durfte beim „Köllsche"
acht bis zehn „Knicker" einsetzen.

„ K ö l l s c h e "

Noar sue -un ö-suevüel Joare veel be ne Vertäll
noch ens dat Woertsche „Köllsche".

En deä Oorenblek
dait ich aan dat alde Murmelschpeel,
dat vröier döks aan jede Äk jeschpölt woard.

Sue wii deä Wengkter
möt Schnii-e un Ijs vörbee woar,
habe de Kenger örejes aan d'r Weäch,
hongkjruu-ete „Küllkes" en d'r Songk jejraave.

Vüer kleen Jält joal man em Schpeelwaarewenkel;
be Thürlings aan de Hauptschtroat,
ne Schtoofbül möt „Köllsche".

„Köllsche" ooch „Knicker" jenöömt -
dat woare en verschaie Öelfärve
jedöpde Toonküüjelkes.
Laater joev et noch Jlaas - un Ii-serküüjelkes.

Et woard teäjeönanger jeschpölt.
I-idereen döerfet be et „Köllsche"
aach bös tii-en „Knicker" ensäte.

Ungefähr vier bis fünf Schritte entfernt,
musste der Eine oder Andere versuchen,
die „Köllsche" in das kleine Loch zu werfen.

Dies glückte ja nicht immer.
Derjenige, welcher nun mit einem der „Köllsche"
am Nächsten zum Einlochfeld lag,
musste nun mit gekrümmten Finger probieren,
die „Köllsche" ins Loch zu befördern.

Es konnte aber auch sein,
man schob die eigenen „Köllsche"
an die „Köllsche" des Gegenspielers.
Die berührten „Köllsche"
konnte dann auch ins Loch gelegt werden.

Gelang das aber nicht – musste gewechselt werden,
dann war der Gegenspieler an der Reihe.

Wer nun die meisten „Köllsche" ins Loch schob,
der hatte das „Köllsche"
wie auch den kompletten Pott gewonnen,
und durfte die gespielten „Köllsche" behalten.

*

Onjefii-er vaier bös viiv Schret aaf,
mod deä Eene of Angere versööke,
dii „Köllsche" en dat kleene „Küllke" te schmiite.

Dat jlöket joa net emer.
Deä, deä nu möt Eene van dii „Köllsche"
et köerts aan dat „Küllke" loach,
mod nu möt ne jekrömde Venger probeere,
dii „Köllsche'" en dat „Küllke" te schüve.

Et kuu-es ävel ooch sue sii-en,
man titschde sii-en eejene „Köllsche''
aan dii „Köllsche van däm Teäjenschpeeler.
Dii beröerde „Köllsche"
kuue-se ooch en dat „Küllke" jelait weärde.

Jlöked dat äver neet – moot jewäeselt weärde,
dan woar deä Teäjenschpeeler draan.

Wäm nu de mee-iste „Köllsche"
en dat „Küllke" jedoit haad,
deä haad dat Schpeel
wii ooch deä jontse Pot jewone
un döervde dii jeschpeelde „Köllsche" behalde.

*

Der Wurm

Von Anfang an bis in den Tod,
alles ist für etwas gut.

Die Natur kann grausam sein,
so ist das Leben – lässt man sich darauf ein.

Oft sind es kleine Dinge, die uns verbinden,
die lassen sich leicht überall finden.

Wenn im Frühjahr – der Bauer auf dem Feld,
den Acker wieder bestellt,

wird Furche für Furche gezogen,
und Ungeziefer aus dem Grund gehoben.

Scheint die Sonne – oder es regnet,
erwacht auch der Wurm –
dem man dann begegnet.

Mal ist der Wurm kurz – dann wieder lang,
er windet sich durch den Dreck wie eine Schlang'.

Deä Worem

Van Aanvang aan bös en d'r Duu-ed,
ales ös ooch vör örejes joot.

De Natuur kan jrausaam sii-en,
un toch mäk jedes Leäve Sen.

Döks send et mee-is kleen Denge,
dii loate üewerall sich venge.

Wän em Vröijoar – deä Buur op et Vält
dän Aker wär beschtält,

wörd Fuur vör Fuur jetroke,
öm ale Bii-ester uut d'r Jrongk te loke.

Schint dan de Son - of et ränt,
hät deä Worem jenoch jepänt.

Deä Worem ös ens kört – ens lang,
krengelt sich duur d'r Dräkk
net wii en Schlang.

Dies wiederum ist gut für Grund und Boden,
der Wurm drückt die Erde locker nach oben.

Schaut er jedoch aus dem Boden herauf,
dann pickt der Spatz ihn sofort auf.

Der Spatz hat nämlich selber Sorgen,
er muss vier Kinder noch versorgen,

Ein Jäger schießt den Spatz vom Baum,
man bemerkt das Drama kaum.

Auch Jäger leben ja nicht ewig,
irgendwann stirbt jeder selig.

Er wird begraben – tief in der Erd',
der Wurm weiss wohl wie es weiter geht.

Groß frist Klein – das geht im Nu,
dies fühlt der Wurm genau wie du.

*

Un dat ös joot vör Jrongk un Boo-em,
dii Äerd wörd loker duur deä Worem.

Luurt heä jau uut d'r Boo-em ö-rop,
dan pik dii Mösch öm hostich op.

Dän dii Mösch hät sälefs ör Soreje,
mod vaier Kenger noch versoreje.

Deä Jeäjer schöt dii Mösch van d'r Boom,
maar weä känt dat Drama schoon.

Ooch Jeäjer leäve nu net ewich,
örejes ens schtörev jeder selich.

Häe wörd bejraave – deep en de Äerd,
deä Worem wit et beäs wii et wii-er jeet .

Jruet vreät kleen - dat ös ö-sue,
dat vöölt deä Worem jenau wii du.

*

Der Papagei

Im Rintgen gab es einst einen Bäcker,
kein Zweifel – die Brötchen waren lecker.

Der Bäcker konnte das Mauscheln aber nicht lassen,
so dass zwischen großen –
auch kleine Brötchen saßen.

Jahrelang ist das gut gegangen,
die Kontrolle hatte er immer bestanden.

Über kurz oder lang
musste wieder geprüft werden,
was sollte ihm das Gewicht
der Brötchen bescheren.

Nun hat jeder ein Hobby – wie dem auch sei,
der Bäcker hatte einen Vogel –
Laura hieß der Papagei.

Die Gesellen hatten sich einen Streich ausgedacht,
und dem Vogel das Sprechen beigebracht.

Die Kontrolleure kamen – alles ist klar,
das Gewicht der Brötchen – wie jedes Jahr.

Deä Papajai

Em Rintsche joev et ens ne Bäker,
jeene Twii-evel – dii Brötsches woare leker.

Deä Bäker kuu-es dat Mauschele ävel net loate,
sue dat tösche jruete –
ooch kleene Brötsches soate.

Joarelang ös dat joot jejange,
de Kontrole haad heä emer bestange.

Över kört of lang moot wär jeprööv weärde,
wat dat Jeweet van de Brötsches öm bescheerde.

Nu hät jeder ö Hoby – wii et ooch sai,
deä Bäker haad ne Vuurel –
Laura heetet deä Papajai.

Di Jesäle hant sich ne Schtreek överlait,
un däm Vuurel et Schpräeke bejebrait.

De Kontrolöre koame – ales ös kloar,
dat Jeweet van dii Brötsches – wii jedes Joar.

Da rief der Papagei –
es ließ sich nicht unterbinden:
„die kleinen Brötchen liegen da hinten!"

Die Kontrolleure liefen zurück,
um dies zu erkunden,
und haben die kleinen Brötchen gefunden.

Da half dem Bäcker kein Bedauern und Flennen,
er musste seine Schuld und Strafe bekennen.

Der Bäcker ließ seine Wut an dem Papagei aus,
er schmiss den Vogel zum Fenster hinaus.

Laura blieb in einer Wasserrinne liegen –
höchst unbequem,
dies hatte in dem Moment die Katze geseh'n.

Laura's letzten Worte noch in den Ohren klingen:
„die kleinen Brötchen liegen da hinten!"

Der Vogel musste die Worte
mit dem Leben bezahlen,
er hätte wohl besser den Schnabel gehalten.

Und die Moral, die uns die Geschichten lehrten,
es trifft ja meistens die Verkehrten.

*

Doa reep deä Papajai tösche krächse un senge:
„dii kleene Brötsches ligge doa henge"!

Op de Schtäl leepe dii Kontrolöre t'röök,
un hant dii kleene Brötsches jesöök.

Doa hölep däm Bäker jeen beduure un flene,
heä mod sii-en Schold un Schtroav bekäne.

Deä Bäker krii-ech doanoar suu-en Wuut,
un schmii-et deä Vuurel et Vinster ö-ruut.

Laura bliv lige en suu-en Waaterrin,
dat hät jüstemang de Kot jesii-en.

Lauras laats-te Woert noch en de Uure klenge:
„dii kleene Brötsches lige doa henge"!

Deä Vuurel – deä dii Woert möt et Leäve betaalde,
hai maar beäter de Schnüs jehalde.

Un dii Moral dii man doarvan lii-erde,
et tröf joa meestens de Verkii-erde.

*

Das Vergessen

Ach wie oft haben wir gehört,
„ich hab' es vergessen" - verdammt es ist passiert!

Komm ich mal aus dem Garten
und geh' in die Küche hinein,
was ich suche sollte etwas bestimmtes sein.

Herrgott hilf – was wollte ich da,
total vergaß ich was das war?

Dabei hatte ich mir fest geschworen,
der Gedanke geht dir nicht verloren.

Du glaubst, dass die Worte
im Kopf beieinander saßen,
aber unterwegs hast du sie liegen gelassen.

Was kann dagegen gescheh'n,
irgendwie muss es doch weitergeh'n?

Es kommt nun darauf an – so wie ich das seh',
am Besten hat man einen Plan B.

Et Verjeäte

Ach wii döks hant wör jehüert,
„ich hab et verjeäte" – verdölt et ös paseert!

Kom ich ens uut d'r Jaart un joan en de Köök,
ömdat ich jät beschtömdes söök.

Härjot hölep wat woult ich doar,
knatsch verjeäte wat dat woar?

Doabee hai ich voas jeschwoore,
deä Jedangke jeet dich net verloore.

Du jlöev's dat dii Woert em Kop beeneen soate,
äver ongerwäejes häste dii lige jeloate.

Wat kan man doateäje duu-en,
et mod toch örejeswi wiier joan.

Et kömp nu doa drop aan wii ich dat see,
et beäs ös man hät noch ne Plaan B.

Um etwas zu behalten wäre es klug,
man knüpft einen Knoten ins Taschentuch.

Bei vier Knoten muss man wohl fragen,
was sollen die drei Knoten vorher dir sagen?

Darum schreib ich auf
was ich nicht behalten kann,
Hilfe – wo hab' ich den Zettel hin getan?

Ich kaufe mir ein Wörterbuch von A – Z,
doch was ich suche – das steht da nicht.

Auch im Internet hab' notiert mit Bedacht,
Erzählungen, die ich mir ausgedacht.

Ich drücke die Speichertaste – es wird gesucht,
der Computer streikt – es ist wie verflucht!

Jetzt hilft nur noch beten –
eine Eilmeldung nach „oben",
alle Heiligen anrufen und Konfuzius loben.

Da sagt Nachbar „Drikes" ganz schlau,
er braucht sich nichts merken –
das weiß alles seine Frau.

*

Öm jät te behalde wüer et klook,
man knöpt ne Knoop en et Täschendook.

Be vaier Knööp doa moste waal överleäje,
wat sale dii dree Knööp vörhär dich säge.

Dröm schriiev ich op wat ich net behalde kan,
jäses - woa han ich deä Tsätel henjedoan.

Ich jäl mich ö Woerterbook van A – Z,
toch wat ich söök – dat schteet doa net.

Em Internet haad ich neejergelait,
Vertäll deä ich mich uutjedait.

Ich düe op Memory – et wörd jesöök.
Eror em Kaas – ich weärd veröök.

Jäts hölep blos noch beäne –
en Depäsch noa „boave",
ale Helije aanroope un Konfuzius loave.

Doa sät Nobersch „Drikes" jonts schlau,
heä bruuk sich neks märeke –
dat wit al sii-en Vrouw.

*

Straßenkinder

Wo sind all die Kinder geblieben,
die sich früher auf den Straßen herum getrieben?

Das Wetter war niemals so schlecht,
draußen zu spielen war uns stets recht.

Überall sind wir herum gelaufen,
uns fehlte meist' Geld um irgend etwas zu kaufen.

Was haben wir früher nicht alles gespielt,
überhaupt hat uns nichts gefehlt.

Reifen schlagen – mit der Schleuder schießen,
auf hohe Bäume klettern –
in Hütten sitzen und genießen.

Fußball spielen bis es dunkel war,
Alt-Eisen gesammelt –
und bei „Plagge Jöppke" verkauft gegen bar.

Nachlaufen – verstecken und bis 100 zählen ,
Bilder tauschen – die dem Anderen noch fehlen.

Schtroatekenger

Wou send al dii Kenger jebliieve,
dii sich vroier op de Schtroate ö-röm jedriieve?

Sue schlait kuues dat Weer jaarnet sii-en,
dat ii-emes neet möt noar buute jing.

Üeweral send wör örömjeloope,
tsonger Jäld öm örejes jät te koope.

Wat hant wör vroier net ales jeschpölt,
överhaupt hät os neks jevält.

Reepe schlaare, möt Jiipe scheete,
op huure Bööm klöme - en Höte jeseäte.

Fuusbal jepängt bös et düester woard,
ood Ijser jesamelt –
un be „Plagge Jöppke" verkoot.

Noarloope un Verschtäke schpeele,
Beldsches tuusche dii däm Angere noch veäle.

Die „Köllsche" ins Loch knickern und legen,
in der Kirche holte man sich den Segen.

Zum Kaiserbad schwimmen gegangen,
sowie im Bruch kleine Fische gefangen.

Mit Rollschuhrennen über den Asphalt gleiten,
ein Fahrrad erhielt man schon beizeiten.

Kinder müssen heut' lernen; werden früh klug,
schauen aufs Handy, Computer,
lesen selten ein Buch.

Mit vier Jahren schon eine Partitur auf dem Piano,
können aber nicht nicht allein aufs Klo.

Man weiß noch nicht für welche Zwecke,
vielleicht könnte man schon zeitig
ein Talent entdecken.

Wie immer wissen die Eltern schon früh',
mal geht es hott – dann wieder hüe.

Anstelle nach den Griff zu den Sternen,
sollten die Kinder das Spielen wieder lernen.

*

Dii „Köllsche" en dat „Küllke" knikere un leäje,
en de Kerk hoalet man sich d'r Säeje.

Em Kaiserbad schwöme jejange,
un em Brook Schteek-Vöischkes jevange.

Rolschoonrene dii-en man al vröi,
möt de Fits jevaare van hot noa hüe.

Kenger möde hüet lii-ere un weärde vröi klook,
luure op Handy, Computer un sälde en ö Book.

Möt vaier Joar en Partituur op et Piano,
köne äver noch net aleen op et Kloo.

Man wit joa nii vör weälke Tswäke,
öm op Tiit et Talent te entdäke.

Wii ömer wii-ete dii Äldersch mee-is,
wat vör dii Blaare et Beäste ös.

Flee-its möde dii Kenger probiiere,
wii vroier et Schpeele wär lii-ere.

*

Ein guter Tropfen

Schnapsbrenner - gab es im Rintgen an jeder Eck',
ein „Kurzer" und ein Bier - und der Durst war weg.

Mitten im Dorf;
wo das „Rinnecke" plätschernd lag,
stand der alte Gutshof „en den Wiinjaard".

Jan van Nürsel hat sich getraut,
und im Rintgen Wein angebaut.

Er hatte wohl einen guten Tropfen gelesen,
der allgemein gern verkostet gewesen.

Und so kamen unterdessen frei und frank,
immer mehr Freunde zu ihm für den Trank.

Von morgens in der Früh' bis abends spät,
hoch die Gläser solang es geht.

Im Leben folgt nach Freud' oft Leid,
auf einmal erhielt Jan einen Gerichtsbescheid.

Sonntagmorgens -
die Glocken von St. Remigius läuten,
als Jan's Besucher
sich am geistigen Trank erfreuten.

Ö joot Dröpke

Fuseltaper - joev et em Rintsche aan jede Äk,
ne „Köerte" un ö Beer - un deä Duursch woar wäk.

Mede em Dörep;
wuo dat „Rinnecke" jeplätschert haad,
schtongk deä alde Hoaf „en den Wiinjaard".

Jan van Nürsel haad sich jetraut,
un hät em Rintsche Wiin aanjebaut.

Et mod waal ö joot Dröpke jewäs sii-en,
dat heä jeär verkooste diien.

Un sue koame ongerhangk,
emer miier Vröngde noar öm vöer deä Drangk.

Van s'morjes vröi bös et s'oavends laat,
huu-ech dii Jlääser – Vaat öm Vaat.

Äver wii dat döks sue jeet,
op eemoal - ne Jerechtsbescheed.

Et Tsonesmorjes -
wii jüstemang dii Jloke van Remigius lüde,
dii-en Winzer Jan jeestije Drangk enjeschöde.

Nach Paragraf so und so zu benoten,
um diese Zeit war Alkohol zu trinken verboten.

Mit Volkes Willen - ganz ungeniert,
haben die Leute lautstark protestiert.

Ob der Richter
nun selbst ein Bacchus-Jünger war,
wusste niemand – darum war schnell klar;

Jan wurde freigesprochen
und der Richter gab zu bedenken,
Wein aus dem Rintgen –
gehört <u>nicht</u> zu den geistigen Getränken.

Ob später die Finger
der Kirche noch im Spiel gewesen,
ist nicht bekannt – und deshalb nicht nach zu lesen.

Auf jeden Fall hat Jan den Weinhandel aufgegeben.
Bei dem diesjährigen Wetter -
könnte der Weinanbau
vielleicht eine Renaissance erleben.

Wer weiß, ob die Steillage „Rintscher Beäk",
neben Mosel, Rhein und Ahr
dann wieder Früchte trägt?

*

Noar Parajraaf sue un ösue – ör könt et roane,
öm deese Tiit woar Alkohol te drengke verboane.

Möt Volekes Wel jonts unjeneert,
hant de Lüü hälop protästeert.

Of dat deä Rechter
nu sälefs ne Bachus-Jönger woar,
wit nii-emes – dröm woar jau kloar;

Jan woard vree-ijeschprooke
un deä Rechter joev te bedängke,
Wiin uut et Rintsche –
dat send <u>jeen</u> jeestije Jeträngke.

Of laater deä Klerus
noch de Venger em Schpeel haad,
ös net bekänt – dröm woar et schaad,

dat Jan deä Wiinhudel toch draanjejeäve,
ävel be suuen schtaats Weer -
köne wör böneköert
flee-its en Renaisance erleäve.

Weä wit of dii Schtaillaare „Rintscher Beäk",
neäve Mousel, Riin un Ahr
du wär Vröchte drääch?

*

„ W i e   g e h t   e s ? "

Das Mitgefühl am Anfang steht,
wenn jemand fragt wie es so geht.

Meistens sind uns dieselben Worte recht,
mir geht es gut – oder mir geht es schlecht.

Geht es ihm gut –
brauchst du nicht weiter zu fragen,
vertrieben sind Kummer und Klagen.

Da kam Heinrich vom Rintger Markt,
aber mit seiner Erzählung so richtig in Fahrt.

Neulich erst hatte er ein Mädchen getraut,
zwanzig Jahre jünger war seine Braut.

Eine neue Stelle und sehr viel mehr Geld,
gern hätte er darüber
noch weiter erzählt.

Aber wie das so ist im Leben,
es muss ja immer zwei Seiten geben.

Geht es ihm schlecht – dann macht er dich schlau,
es dauert ein Stündchen dann weißt du's genau.

„ W i i   j e e t   e t ? "

Dat Mötjevööl am Aanvang schteet,
wän ii-emes vrooch wii et jeet.

Mee-is weärde dii säleve Woert jesait,
mich jeet et joot – of mich jeet et schlait.

Jeet et öm joot – bruukse net wii-er te vroore,
verdriive send de ärechste Soreje.

Due koem Hein van d'r Rintscher Maart,
möt sii-ene Vertäll öersch rechtich en Vaart.

Heä haad jraad jetraut.
un twentich Joar jönger woar sii-en Braut.

En noi-e Schtäl un ö Bombejehalt,
jeär hai heä noch wii-er doa drüüver jekalt.

Äver wii dat sue ös em Leäve,
et mod joa emer twii-e Sii-e jeäve.

Jeet et öm schlait – dan sät dich möt Rau,
nou düürt et ö Schtöndche dan wit'set jenau.

Und alles hat stets Vorgeschichten,
das lässt sich nicht so schnell berichten.

Adam und Eva, die waren es schuld,
dann ging es weiter mit ein wenig Geduld.

Vom Kopf bis hinunter zu den Zeh'n,
niemand hat wohl schlimmere Schmerzen geseh'n.

Er konnte wohl Sauerkraut
mit Hering nicht vertragen,
das schlug ihm fürchterlich auf den Magen.

Mit einem Schnaps
bekam er die Krämpfe nicht weg,
eine Not-OP – hatte das noch Zweck?

Vollgestopft mit Tropfen und Pillen,
verlierst du schnell den eigenen Willen.

Nein - was ihm so alles widerfährt,
die letzte Ölung kam beinahe zu spät.

Heinrich tut mir leid so wie es um ihn steht,
und alles nur wegen der Frage
„Wie es ihm geht."

*

Un ales hät en Vöerjeschichte,
dat löt sech net sue jau berichte.

Adam un Eva dii woare et Schoot,
dan jing et wii-er möt ö pinke Jedolt.

Van d'r Kop bös en d'r Tii-en,
nii-emes haad waal jröetere Pin.

Et schint dat heä Suurmoos
möt Hering net verdraach,
dat schloach öm schäntlik op d'r Maach.

Möt Fusel kreeich heä dii Krämp net wäk,
en Nuet-OP – haad dat noch Tswäk?"

Voljeschtop möt Drope un Pil,
verlee-se jau d'r eejene Wel.

Nee - wat hät heä net ales jehaad,
de lätsde Öelung koam hoas te laat.

Ach wat deet deä Hein mich leed,
blos wäejens suu-en Vrooch
„Wii et jeet"

*

Die „Gans Agatha"

(Einleitung)

Gerade jetzt – in den Wochen vor Weihnachten,
wo wir uns
mit Fragen auseinandersetzen müssen;
woher kommen wir, wohin gehen wir,
oder bleiben wir noch etwas,
dachte ich an die Geschichte,
die ich ähnlich früher einmal gehört habe.

Nun muss ich wohl sagen, dass erst jetzt,
nach dem Genuss einer knusprigen Gans
mit einem kräftigen Rotwein dazu,
die unangenehme Frage gestellt werden muss:
„hätte sich dass grausame Schicksal
einer vorher putzmunteren Gans
umgehen lassen"?

Dii Joos „Agatha"

(Vöervertäll)

Jraad nu en dii Weäke vör Kresmes,
woa wör os möt Vroare uutreensäte möde;
woa kome wör vanaav, woaheen jont wör,
of bliive wör noch jät,
dait ich aan en Jeschicht,
dii ich vröier onjeviier sue ens jehüert hab.

Nu mod ich waal saare, dat öersch jäts,
noar deä Jenuss van dii knusperiije Joos
möt ne schteviije Ruu-etwiin,
dii onjemäkeleke Vroach jeschtält weärde mod :
„hai sech dat jrausaame Schiksaal
van en vöerhär potsmuntere Joos ömjoan loate"?

Adele und Sophie waren;
wie man so sagt „Ewige Jungfrauen"
Ob sie nun nie etwas von Männern hielten,
oder vielleicht niemals gefragt wurden,
weiß keiner mehr so genau.

Sie wohnten nicht weit von uns ab
in einem kleinen Dorf,
wo man sich untereinander kannte.

Das Jahr über lebten sie still und fromm
so wie der Pastor und die Kirche es gern sahen.

Zu Ostern färbten sie Eier
für die Kinder der Nachbarn.
Nach Pfingsten,
zur Kirmes wurde ein Rodonkuchen gebacken.

Und zu Sankt Martin
bemühten sie sich, Mutzen herzustellen.
Aber zur Weihnachtszeit
dachten sie einmal an sich selbst.
Eine saftig gebratene Gans,
Rotkohl und Apfelmus
mit Genuss zu essen,
das hatten sie sich vorgenommen.

Adele un Seefke woare;
wii se sue saare „Laate Vralets".
Of dat dii seleävdaach neks vüer Moanslüü joave,
of dat se neet jevrooch woarde,
wit nii-emes mii-er sue jenau.

Se wounde kört van os aav en ö kleen Dörep,
woa jeder sich ongereen känet.

Et Joar üewer leäv'de se höesch un helich,
sue wii Pastuur un de Kerek dat jeär soare.

Möt Poasch'te väerv'de se Aier
vüer de Nobersch Blaare.
Noar Pengkste,
möt Kermes woard ne Rodongkook jebake.
Un möt Tsint Mäertes,
joave se sich aan't Muutse bake.
Äver möt Kresmes daite se ens aan sich sälefs.
En saftich jebroane Joos,
Ruu-etmoos un Apelkompot
möt schmaak eäte,
dat haade se sich vüerjenoeme.

Bevor nun so eine lecker gebratene Gans
aus dem Ofen kommt,
musste sie erst geschlachtet
und die Federn ausgezogen werden.
Aber in diesem Vorgang - da lagen die Probleme.

Adele und Sophie konnten sich nicht einigen,
wer von ihnen
die Gans umbringen sollte.

Die Gans „Agatha" war den beiden Damen
mit der Zeit derart ans Herz gewachsen.

Bereits seit Wochen trauten sie sich nicht mehr
der Gans in die Augen zu schauen.

Es ging immer näher auf Weihnachten zu.
Einen Tag vor Heiligabend
stand Adele morgens auf und sagte:

„Sophie – sieh' zu
dass die Gans zurecht gemacht wird".
Sie müsse ins Dorf, um andere Dinge einzukaufen
und verschwand umgehend durch die Tür.

Bevöer dat sue-n leker jebroane Joos
uut d'r Oave kömp,
mod se öersch jeschlaut
un dii Veere aavjetroke weärde.
Äever en deä Protsäes doa loare dii Kwästijuene!

Adele un Seefke koame neet overeen,
wäm van dii twii-e
ören Joos „Agatha" aavmurkse deet.

Dii Joos woar däne Vralets
möt dän Tiit aan öt Haart jewaase.
Send's Weäke traude se sich net mii-er,
dii Joos „Agatha" en de Oore te kiike.

Et jing emer köerter op Kresmes aan.
Eene Daach vör Helichoavend,
schtongk Adele s'morjens op un sait;
Seefke – kiik dat dii Joos jereet jemäk wörd.
Se jing en et Dörep öm angere Denge entejälle,
un woar t'räktemang de Düer ö-ruut.

Nachmittags – es war schon reichlich spät,
kam Adele zurück nach Hause.

Mit einem Blick sah Adele
die Gans „Agatha" gerupft
und wie tot auf dem Tisch liegen.

„Nein, Nein – sagte Sophie gleich."
„Ich habe der Gans
nur ein starkes Schlafmittel gegeben
und begonnen ihr die Federn auszureißen".

„Ich brachte es nicht übers Herz
dem Tier den Hals umzudrehen",

„Sei so gut Adele -
und lass' uns noch eine Nacht darüber schlafen".

Angetan davon,
was Sophie doch für ein guter Mensch war,
gingen sie beide todmüde zu Bett.

S'noamedaachs – et woar al't laat,
koam Adele t'röök noar Huus.
Möt eene Blek soach Adele.
dat dii Joos „Agatha" jerupf
un wii duu-ed op d'r Doisch loach.

Nee, nee – sait Seefke - nit wat du dengks".
„Ech haad dii Joos
maar ö schtärek Schloapmedel jejeäve,
un al't ens bejone de Veere uut te riite".
„Ich brait et neet över et Haart,
däm Deer d'r Näk öm te drii-ene".

„Sii-en ö sue joot Adelche,
lot os maar noch en Nait d'rüever schloape".

Aanjedoan doavan
wat Seefke toch vör ne joo-e Minsch woar,
jinge se beeds duu-etmöesch noar Bäät.

Adele und Sophie
schliefen in der Nacht sehr schlecht.
Lang dauerte der Schlaf auch nicht.
Was hatten sie „Agatha"
nur entsetzliches angetan.

Morgens früh
klangen merkwürdige Töne an ihre Ohren.
Mitten im Winter; in der größten Kälte,
lief „Agatha"; die fast verstorbene Gans
mit ihrem nackten Hintern
schnatternd durch das Haus.

Nein – sagten sie miteinander,
das müssen wir „Agatha" wieder gut machen.

Drei Stunden später
stand „Agatha" herausgeputzt da.

Auf dem Kopf ein gehäkeltes Mützchen,
mit einem Troddel daran.

Den Pelzkragen
hatte Adele aus ihrem Handwärmer abgetrennt.

Adele un Seefke haade dii laatsde Nait
äersch schlait jeschloape.
Lang dü-eret deä Schloap ooch net.
Wat haade'se „Agatha" blos schändlik aanjedoan.

S'morjes vröich
klonge klöchtije Tüü-en aan höer U-ure.
„Agatha" - dii hoas kapode Joos,
leep pudelnäk un schnaaternd duur et Huus.

Mede en d'r Wengkter – en de jröet'sde Kält,
leep dat Bii-es möt dii näke Vot ö-röm.

Nee – saite'se möteneen:
„Dat möde wör „Agatha" wär joot maake".

Dree Schtond laater
schtongk „Agatha" schtaat's d'rop.
Op d'r Kop ö Häkel-Mötske,
möt eene Plümes d'raan.
Dat Päls-kräejelke
haad Adele uut ören Muf aavjetränt.

Entlang des Körpers hing eine gelbe Jacke
und für darunter hatte Sophie
für „Agatha" ein blaues Pullöverchen gestrickt.

Die Beine hinauf trug sie bordürte Söckchen.
Die Füße saßen
in ein paar abgeschnittenen Handschuhen.

Um das Hinterteil herum hochgezogen
hielt ein Einmach-Gummi,
eine alte Unterhose von Sophie.

Adele, Sophie und „Agatha"
saßen nun an Heiligabend
gemütlich zusammen am Tisch.

Die beiden Frauen aßen jeweils eine Wurst
mit einer großen Portion Kartoffelsalat.

„Agatha" - mit einem Lätzchen um den Hals,
saß vor einer Blechdose
mit verschiedenen Körnern.

Und so war doch alles noch gut ausgegangen.

*

Langs et Liiv hongk ö jeäl Jümperke,
un vüer doa d'ronger haad Seefke
däm „Agatha" ö heemelblau Polööverke jeschtrek.

Aan de Been ö-rop troach se bordüerde Sökskes.
Dii Püü-et soate en ö paar aavjeschnii-e Hääsche.

On öm dii Vot ö-röm;
huurjetroke möt ö Jiipe-Jumi,
en alde Ongerboks van Seefke.

Adele, Seefke un „Agatha"
soate nu aan Helichaovend
jesälisch te saame aan d'r Doisch

Dii twii-e Vralets o-ate en Wuursch
möt en jruu-ete Portsijuen E-erpels-schlaat.

„Agatha" - möt ö Schlaberlätske öm d'r Hols,
soat vör ne Bleäkkomp möt Koorejemöös.

Un sue woar al'et toch noch joot uutjejange.

*

Nachwort

Wie ihr das schon gewohnt seid,
bedanke ich mich wieder
bei den Leuten oder Dingen, die mitgeholfen haben
die Erzählungen zu schreiben.

Das sind: die, welche immer gutes Wetter haben,
die nun rein gewaschen sind,
die das mit den Vornamen begriffen haben,
die den Pokal gewonnen haben,
die sich wieder auf die Pflaumenzeit freuen,
die jetzt gern Murmelspiele machen,
die auch den Wurm leiden können,
die um Laura trauern,
die noch immer alles vergessen,
die unsere Straßenkinder erkannt haben,
die auch gern einen Tropfen trinken,
die nun wissen „wie es Einem geht",
die Gans „Agatha" hatte echt Glück,

und selbst-sprechend all die anderen Dinge.

*

Noarwoert

Wii ör dat al jewänt set,
bedangk ich mich wär
be di Lüü of Denge, dii mötjeholepe habe
deä Vertäll te schriieve.

Dat send: dii emer joot Weer habe,
dii nu reen jewäsche send,
dii dat möt deä Vörnaam bejrii-epe hant,
dii deä Pokal jewone habe,
dii sich wär op dii Prumetiit vroie,
dii nu jeär „Köllsche" dont,
dii deä Worem jäts lii-e köne,
dii öm Laura trauere,
dii emer noch ales verjeäte,
dii de Schtroatekenger erkant hant,
dii ooch jeär ö Dröpke pitsche,
dii nu wii-ete wii „et i-iemes jeet",
dii Joos „ Agatha " hät Duusel jehaad,

un sälefsschpräekend al dii angere Denge.

*